高能物理学家

丁肇中

科学精神篇

李志毅 著

C冷S K 湖南科学技术出版社

·长沙·

图书在版编目（ＣＩＰ）数据

高能物理学家丁肇中. 科学精神篇 / 李志毅著. — 长沙 : 湖南科学技术出版社，2022.9

ISBN 978-7-5710-1680-7

Ⅰ．①高… Ⅱ．①李… Ⅲ．①丁肇中－传记 Ⅳ.①K837.126.11

中国版本图书馆 CIP 数据核字(2022)第 143329 号

GAONENG WULIXUEJIA DING ZHAOZHONG KEXUE JINGSHEN PIAN

高能物理学家丁肇中 科学精神篇

著　　者：李志毅

出 版 人：潘晓山

总 策 划：胡艳红

责任编辑：刘羽洁　邹　莉

数字编辑：李　叶　谷雨芹

封面设计：田　斜

责任美编：殷　健

出版发行：湖南科学技术出版社

社　　址：长沙市芙蓉中路一段 416 号泊富国际金融中心

网　　址：http://www.hnstp.com

湖南科学技术出版社天猫旗舰店网址：

　　　　　　http://hnkjcbs.tmall.com

邮购联系：0731-84375808

印　　刷：湖南省众鑫印务有限公司

　　　　　（印装质量问题请直接与本厂联系）

厂　　址：湖南省长沙县椰梨街道梨江大道 20 号

邮　　编：410100

版　　次：2022 年 9 月第 1 版

印　　次：2022 年 9 月第 1 次印刷

开　　本：889mm×1194mm　1/16

印　　张：3.75

字　　数：50 千字

书　　号：ISBN 978-7-5710-1680-7

定　　价：48.00 元

前　言

提到丁肇中，千言万语都无法形容这位伟大的物理科学大师。他所做的一切对于高能物理领域、对于人类科学的发展都有着不可磨灭的贡献。少年强则国强，讲好科学家故事，弘扬科学家精神，丁肇中的家国情怀、实验成就、科学精神等，对于孩子们有着十分重要的启迪作用。

丁肇中的启蒙科学家是物理大师法拉第，或许对于孩子们来说，丁教授也是指引他们走向科学之路的一盏明灯。探索的种子不知不觉在孩子们的心中种下，悄悄地破土生长。这颗种子需要被浇灌，一句话、一幅图、一段故事、一个奇特的憧憬、一个光怪陆离的梦想，这些大人们眼中不起眼的存在，或许就会成为浇灌这颗种子的甘露。

丁肇中说："要实现你的目标，最重要的是要有好奇心，不断地追求，再加勤奋地工作。"人生的路很长很长，但是不必担忧、不必着急，属于小朋友们的那一刻迟早会到来的。小小的种子长啊长、甘甜的雨露浇啊浇，萌发的嫩芽终有一天会破土而出，成长为一棵参天大树；小小的孩子跑啊跳啊，成长路上的风雨吹啊淋啊，羽毛未丰的雏鹰终究会展翅搏击长空！

《高能物理学家丁肇中》系列绘本由日照市科技馆馆长李志毅著，各分册既相互关联，又独立成册，便于阅读、学习、收藏。感谢麻省理工学院资深行政官谢彩秀和日照市科技馆的贺婧、杨秀名、闫瑞华、林利岩、张虹、蓝艳华、黄璐、聂兰相、孙厉等老师整理资料并提出宝贵建议。

在创作过程中，得到了杨琳、梁佳夷、谭钦文、翁佳君、吴东晓、乔飞航、杨欣语嫣、冯江海等老师的大力帮助，在此一并表示感谢。

1

　　秋天的风吹过密歇根州的苹果树，棕黄色的叶子落入日照的海。

　　春去秋来、寒来暑往，世间万物瞬息万变，丁肇中却始终坚守在自己的一方天地里。

　　测量电子半径、重光子实验、发现J粒子、MARK-J实验、L3实验、阿尔法磁谱仪（AMS）实验……

"宇宙中究竟存在什么样的奥秘？这些都有待我们去揭开。"

哪怕是要花费十年、二十年、五十年，甚至一百年。

"探索奥秘、发现未知、严谨实验、寻求真理。"

　　除了高能物理学上的成就，丁肇中的精神品质也是熠熠生辉的。

　　就如同黑暗中的火炬，照亮了无数学子前进的道路。

1965 年，丁肇中开始了他的第一个实验：测量电子的半径。在八个月后，他得出了电子没有体积的结论，证明了量子电动力学是正确的。

　　但人们或许不知道，他不仅仅只在 1965 年做了测量电子半径的实验。

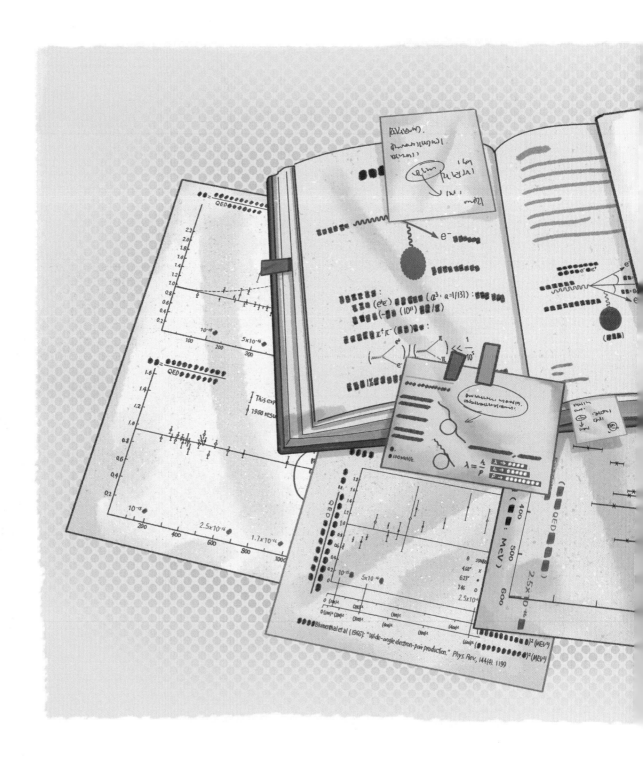

之后的几十年里，他带领着团队一直不断地找寻测量电子半径的办法，一次又一次、不厌其烦地进行着。

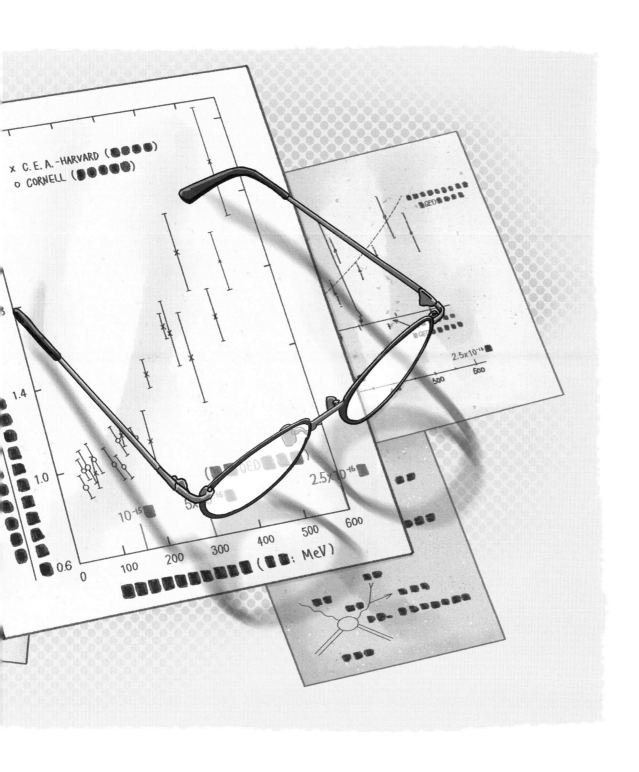

　　这样就可以验证自己当年的实验结果在现如今的仪器检测下是否依然是正确的。

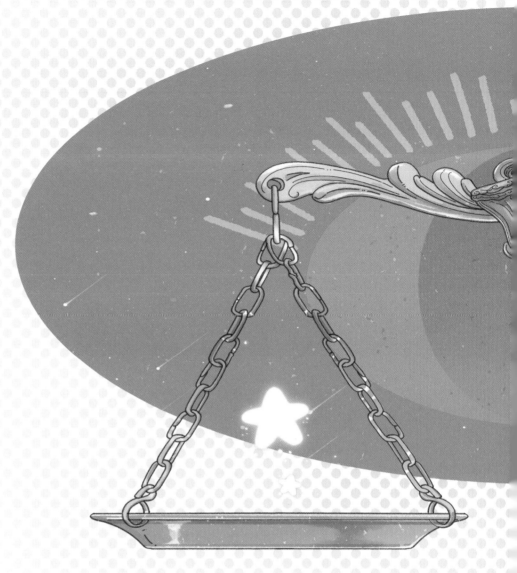

真理往往是在一次又一次地反复验证中被人找寻到的。

1948 年，费曼、施温格和朝永振一郎根据量子电动力学理论提出：电子没有体积。因此他们获得了 1965 年的诺贝尔物理学奖。

1964 年，哈佛大学和康奈尔大学两所大学的知名教授分别通过不同的实验得出相反结果——量子电动力学是错误的，电子有体积。

　　这是关系到物理基本理论正确与否的原则问题，为此，1965 年，丁肇中不惧权威、不盲从专家的结论，到德国重做实验，证明了电子没有体积，量子电动力学是正确的。这也奠定了他在世界现代物理学界的领先地位。

得出一次结论并不代表着找寻到了真理。

"我们不能盲目地接受过去认为的真理，也不能等待'学术权威'的指示。"

随着科技的进步，更高端、更精密的仪器也随着时间推移慢慢走进人们的视野，许多科学实验在当今的条件下再次验证，或许就会得出截然相反的结果。

科学总是在不断推翻、更新前人结论的过程中向前发展。

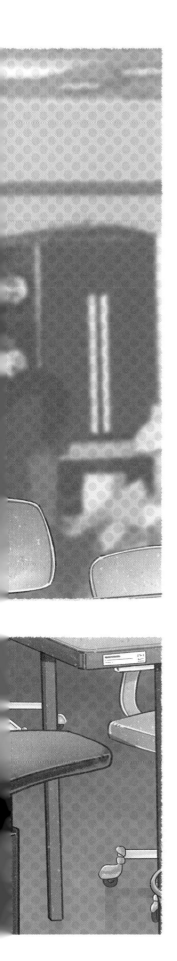
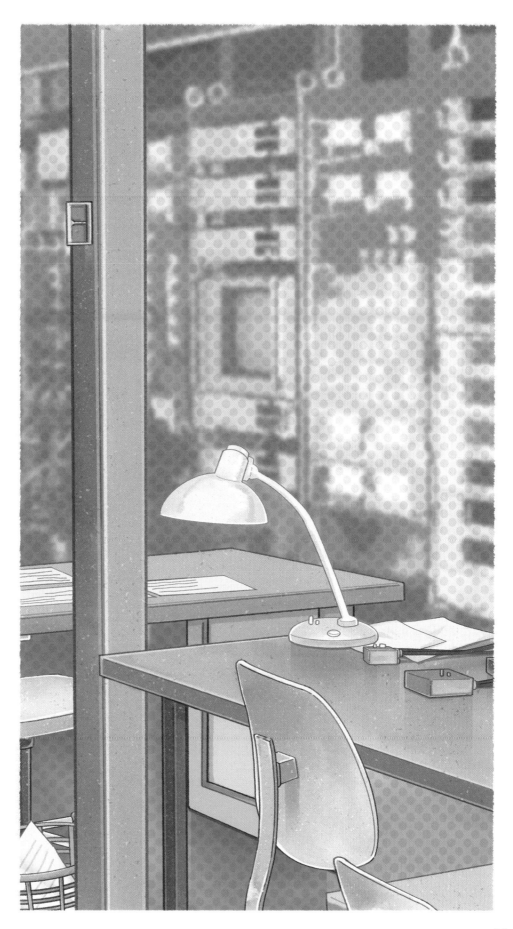

　　精进不休、孜孜以求，丁肇中并没有因为哪一次实验得出了结论就停止对真理的探索，而是一刻也不停歇地奔跑在追寻真理的道路上。

　　"任何人的能力都是有限的，只能专心做一件事，我感兴趣的只有物理，我也只能做物理实验这件事。"

　　或许对于许多人来说，获得诺贝尔奖会是一个人的人生巅峰，可是对于丁肇中来说，这是他的起点，是他事业的开端。

　　路漫漫其修远兮，吾将上下而求索。

16

"人的智慧是有限的。在真理面前，我太笨了。"

丁肇中从来不会羞于提起自己的不足之处。

对于科学家来说，只有永远对自己得出的结果保持质疑，才能不断地格物致知，达到新的境界；只有承认自己的无知，才能够激励自己去探索未知，不断进取。

也正是因为这种精神，让丁肇中能够诚实、坦然地说"不知道"。

在一次学术报告中，有学生向丁肇中提问：
"您觉得人类在太空能找到暗物质和反物质吗？"
"不知道。"

“您觉得您从事的科学实验有什么经济价值吗？”

“不知道。”

“您能不能谈谈物理学未来二十年的发展方向？”

“不知道。”

这样的回答让在场的所有听众都感到意外。

大家都没有想到，这位诺贝尔奖得主会如此坦率，他并没有卖关子，更没有故弄玄虚，而是老实、直白地坦言不知道。

很快，现场响起了热烈的掌声。

"三问三不知"，丁肇中的坦诚和严谨令人肃然起敬。

　　知之为知之，不知为不知，是知也。

　　学问愈深，未知愈重；越是学识渊博，越要虚怀若谷。

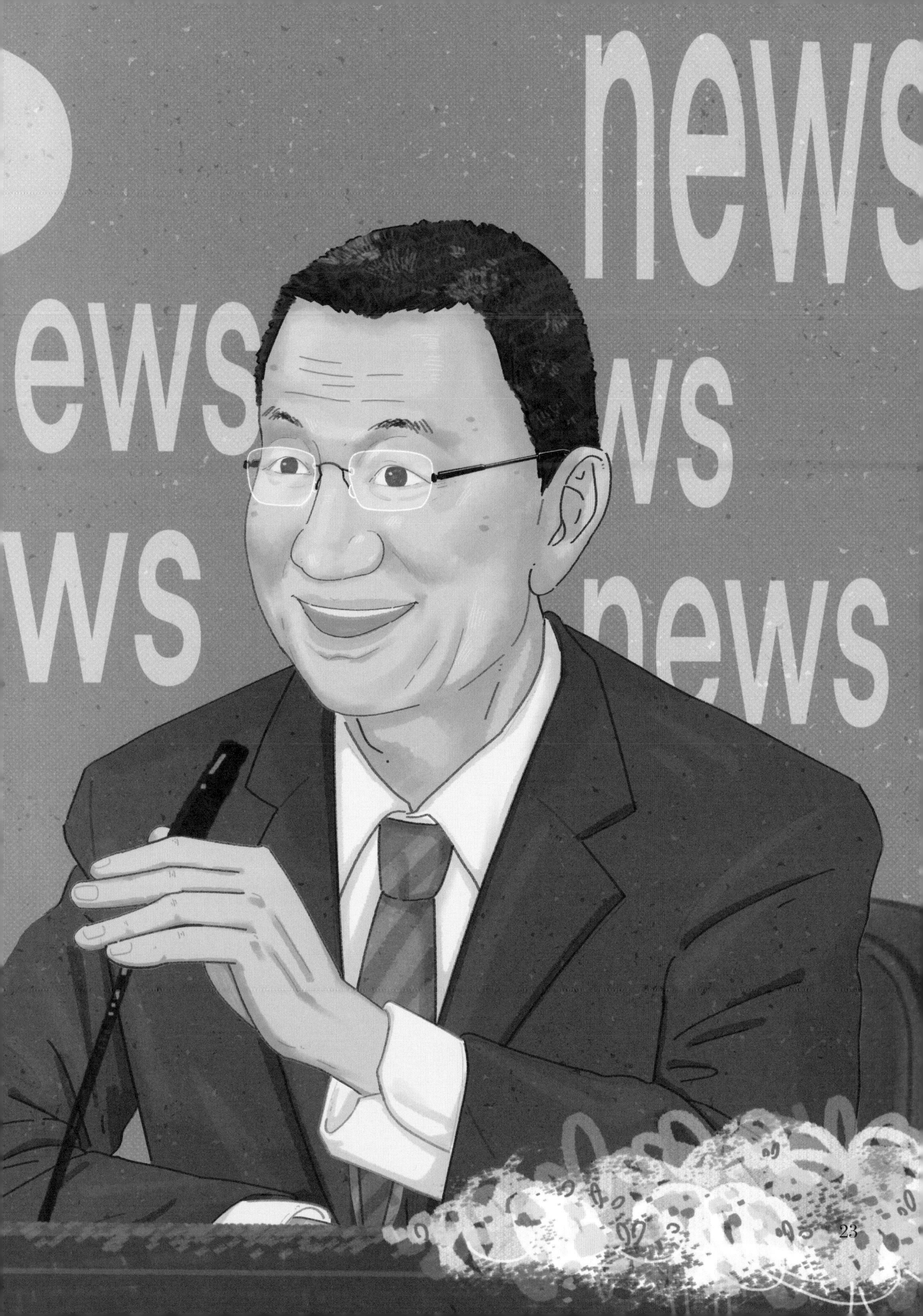
news
ews
ws
ws
news

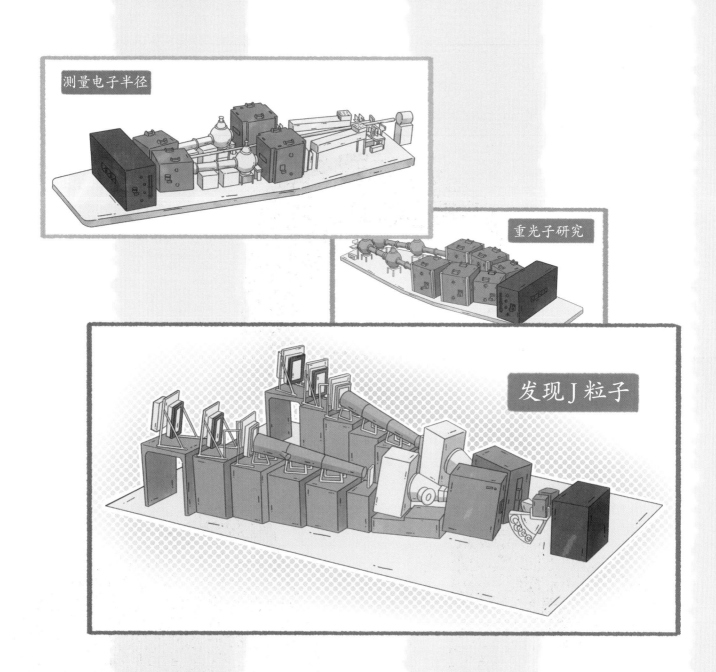

但是，只是简单地掌握理论是远远不够的。

"自然科学，尤其是物理、化学、生物，是实验性的科学。再好的理论，与实验不符合，理论就是不存在的。理论不能推翻实验，实验可以推翻理论。"

　　对于丁肇中来说，实验才是他追求真理的唯一方式。

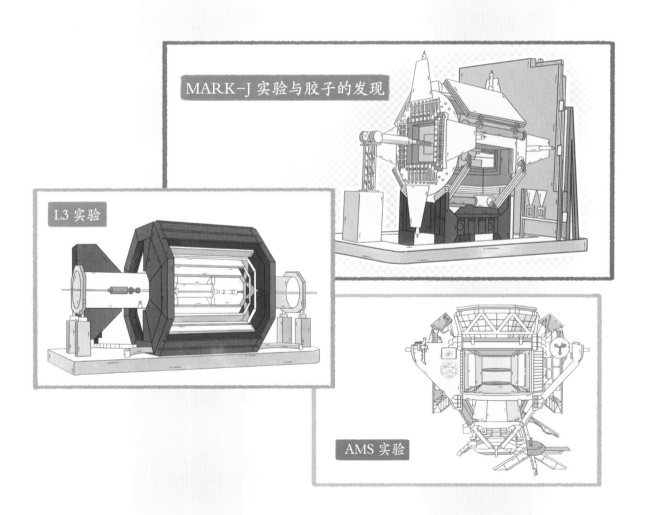

MARK-J 实验与胶子的发现

L3 实验

AMS 实验

　　自然科学是实验科学。

　　一个理论无论它多么高明并合乎逻辑，若无法由实验加以印证，终究是没有意义的。

　　实验与理论交互影响的结果，促进了科学的进步。

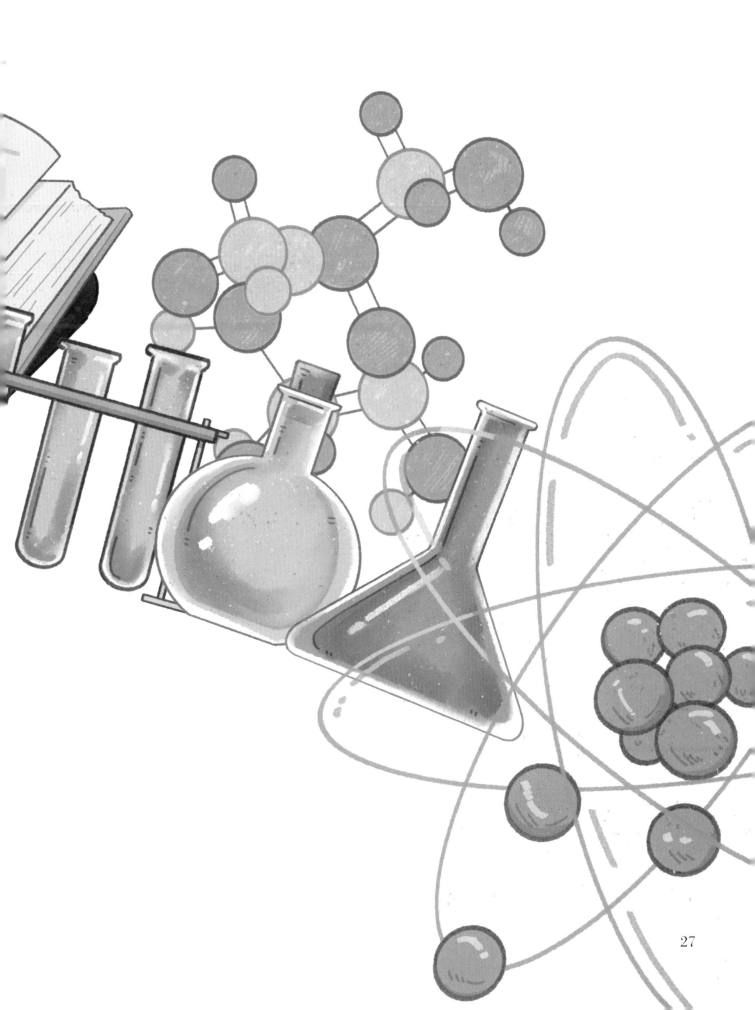

拉子喷注

丁肇中做出的一生中最重要的选择就是成为一名实验物理学家。

　　正如意大利哲学家贝奈戴托·克罗齐所说:"人类用认识的活动去了解事物,用实践的活动去改变事物;用前者去掌握宇宙,用后者去创造宇宙。"

对于你认为正确的事，应该始终坚定不移地做下去。

常保持好奇心，对自
己正在进行的工作感兴
趣，并辛勤地工作，力求
达到最终的目标。

丁肇中7岁那年，父亲丁观海受聘为重庆大学教授。

他跟随着父亲来到了重庆，参观了一个在重庆举行的工业展览。

展览会上大大小小的机器就像仙境里的精灵一样闯进了丁肇中的世界。

这些他从未见过的东西迅速吸引了他的目光，好奇心在心里悄悄萌发了嫩芽，让他忍不住靠近、再靠近。

这是什么？那又是什么？为什么这个机器这么大？为什么那个机器又那么小？

麦克斯韦

法拉第

牛顿

爱因斯坦

　　也正是那一年，丁肇中大部分时间都是待在家里，父亲常常给他讲述世界历史上的一些伟大科学家的故事，如法拉第、牛顿、麦克斯韦、爱因斯坦、希尔伯特、冯·卡门……

希尔伯特

冯·卡门

正是这些童年的影响，使他立志成为一名科学家。

丁肇中一直都拥有着孩童一般的好奇心，他总是一刻不停地提出疑问。

为什么只有三种夸克？宇宙中究竟存在什么样的奥秘？负质量是什么意思？反物质的宇宙在哪里？

　　正是这些疑问让他始终保持着热情，也是好奇心让他在寻求真理的道路上坚定不移地前行。

丁肇中曾说过："基础研究的原始动力是人类的好奇心，而基础研究是新技术和工业发展的原动力。"

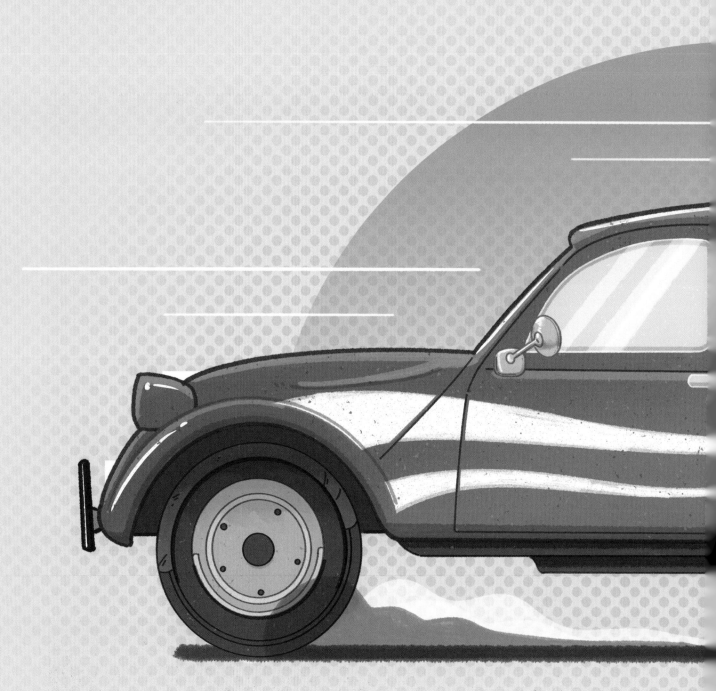

好奇心和求知欲是探索的动力，它们像是汽车的燃料，燃料越多，汽车就跑得越远。

探索、发现、实验、求真。

这简单的八个字恰当地概括了他于群星中也能闪闪发光的科学精神。

十年，二十年，五十年，无数个日日夜夜交替轮回，已经迈入耄耋之年的丁肇中在内心深处却依然是那个站在重庆工业展览里，瞪着圆溜溜的眼睛，好奇地盯着机器看的小少年。

　　幼年时的丁肇中心中就埋下了科学的种子，在日日夜夜的浇灌下，这颗种子已经成长为一棵参天大树。

　　这棵大树在高能物理学界撑起了一片天地，让许许多多的后人
借此乘凉。

大到浩瀚宇宙，小到基本粒子，丁肇中从未停止过对科学、对物质世界的探索，而年轻的一代人也正追随着他的脚步继续前进……

应有格物致知精神

丁肇中

多年来，我在学校里接触到不少中国学生，因此，我想借这个机会谈谈中国学生应该怎样学习自然科学。

在中国传统教育里，最重要的书是"四书"。"四书"之一的《大学》里这样说：一个人教育的出发点是"格物"和"致知"。就是说，从探察物体而得到知识。用这两个词语描写现代学术发展是再恰当没有了。现代学术的基础就是实地的探察，就是我们现在所谓的实验。

但是传统的中国教育并不重视真正的格物和致知。这可能是因为传统教育的目的并不是寻求新知识，而是适应一个固定的社会制度。《大学》本身就说，格物致知的目的，是使人能达到诚意、正心、修身、齐家、治国的田地，从而追求儒家的最高理想——平天下。因为这样，格物致知的真正意义便被埋没了。

大家都知道明朝的大哲学家王阳明，他的思想可以代表传统儒家对实验的态度。有一天，王阳明依照《大学》的指示，先从"格物"做起。他决定要"格"院子里的竹子。于是他搬了一条凳子坐在院子里，面对着竹子硬想了七天，结果因为头痛而宣告失败。这位先生明明是把探察外界误认为探讨自己。

王阳明的观点，在当时的社会环境里是可以理解的。因为儒家传统的看法认为天下有不变的真理，而真理是"圣人"从内心领悟的。圣人知道真理以后，就传给一般人。所以经书上的道理是可"推之于四海，传之于万世"的。经验告诉我们，这种观点是不适用于现在的世界的。

我是研究科学的人，所以重视实验精神在科学上的重要性。

科学发展的历史告诉我们，新的知识只能通过实地实验而得到，不是由自我检讨或哲理的清谈就可求到的。

实验的过程不是消极地观察，而是积极地探测。比如，我们要知道竹子的性质，就要特地栽种竹子，以研究它生长的过程，要把叶子切下来拿到显微镜下去观察，绝不是袖手旁观就可以得到知识的。

实验不是毫无选择地测量，它需要有细致具体的计划。特别重要的，是要有一个适当的目标，以作为整个探索过程的向导。至于这目标怎样选定，就要靠实验者的判断力和灵感。一个成功的实验需要的是眼光、勇气和毅力。

由此我们可以了解，为什么基本知识上的突破是不常有的事情。我们也可以了解，为什么历史上学术的进展只靠很少数人关键性的发现。

时至今天，王阳明的思想还在继续支配着一些中国读书人的头脑。因为这个文化背景，中国学生大都偏向于理论而轻视实验，偏向于抽象的思维而不愿动手。中国学生往往功课成绩很好，考试都得近一百分，但是在研究工作中需要拿主意时，就常常不知所措了。

在这方面，我有个人的经验为证。我是受传统教育长大的。到美国大学念物理的时候，起先以为只要很"用功"，什么都遵照老师的指导，就可以一帆风顺了，但是事实并不是这样。一开始做研究便马上发现不能光靠教师，需要自己做主张、出主意。当时因为事先没有准备，不知吃了多少苦。最使我彷徨恐慌的，是当时的唯一办法——以埋头读书应付一切，对于实际的需要毫无帮助。

我觉得真正的格物致知精神，不但研究学术不可缺少，而且对应付今天的世界环境也是不可少的。在今天一般的教育里，我们需要培养实验的精神，就是说，不论是研究自然科学，研究人文科学，还是在个人行动上，我们都要保留一个怀疑求真的态度，要靠实践来发现事物的真相。现在世界和社会的环境变化很快，世界上不同文化的交流也越来越密切。我们不能盲目地接受过去认定的真理，也不能等待"学术权威"的指示。我们要自己有判断力。在环境激变的今天，我们应该重新体会几千年前经书里说的格物致知的真正意义。这意义有两个方面：第一，寻求真理的唯一途径是对事物客观的探索；第二，探索应该有想象力、有计划，不能消极地袖手旁观。希望我们这一代对于格物和致知有新的认识和思考，使得实验精神真正变成中国文化的一部分。

注：本文曾入选人民教育出版社9年级语文上册。